BEI GRIN MACHT SICH IHR WISSEN BEZAHLT

- Wir veröffentlichen Ihre Hausarbeit, Bachelor- und Masterarbeit

- Ihr eigenes eBook und Buch - weltweit in allen wichtigen Shops

- Verdienen Sie an jedem Verkauf

Jetzt bei www.GRIN.com hochladen und kostenlos publizieren

Alexander Schwalm

Formeln für Finanz- und Investitionsrechnung (Finance)

Aktien- und Depotbewertung, Value at Risk, Zins- und Rentenrechnung, Regressionsanalyse uvm.

GRIN Verlag

Bibliografische Information der Deutschen Nationalbibliothek:

Die Deutsche Bibliothek verzeichnet diese Publikation in der Deutschen National-
bibliografie; detaillierte bibliografische Daten sind im Internet über http://dnb.d-
nb.de/ abrufbar.

Impressum:

Copyright © 2014 GRIN Verlag GmbH
Druck und Bindung: Books on Demand GmbH, Norderstedt Germany
ISBN: 978-3-656-70964-0

Dieses Buch bei GRIN:

http://www.grin.com/de/e-book/277766/formeln-fuer-finanz-und-investitionsrech-
nung-finance

GRIN - Your knowledge has value

Der GRIN Verlag publiziert seit 1998 wissenschaftliche Arbeiten von Studenten, Hochschullehrern und anderen Akademikern als eBook und gedrucktes Buch. Die Verlagswebsite www.grin.com ist die ideale Plattform zur Veröffentlichung von Hausarbeiten, Abschlussarbeiten, wissenschaftlichen Aufsätzen, Dissertationen und Fachbüchern.

Besuchen Sie uns im Internet:

http://www.grin.com/

http://www.facebook.com/grincom

http://www.twitter.com/grin_com

Zins- und Rentenrechnungen

Lineare Verzinsung: Anlagebetrag*(1+ r*T) → Punkt vor Strich!

Exponentielle Verzinsung: Anlagebetrag*$(1 + r)^T$

Kontinuierliche Verzinsung: Anlagebetrag*$e^{(r*T)}$ → nicht 1 + r!

→ Umrechnung der Zinssätze durch gleichsetzen der Formeln und Auflösen nach r

zentrale Formel für die nachschüssige Rentenrechnung

$$P_0 = RBW = RZ \, RBF = RZ \, \frac{(1 + r)^T - 1}{(1 + r)^T \, r}$$

RZ = konstante Rente (Rentenzahlung pro Periode)
P_0 = Anfangskapital

Annuität = NBW mal dieser Formel mit Zähler und Nenner vertauscht!

Vorschüssig = selbe Formel, nur im Nenner T-1

Ewige Rente:

Nachschüssig: Rentenzahlung (RZ) = Anfangskapital (RBW) * r
                 Anfangskapital (RBW) = $\frac{Rentenzahlung\ (RZ)}{r}$

Vorschüssig: Rentenzahlung (RZ) = Anfangskapital (RBW) * $\frac{r}{1 + r}$
                 Anfangskapital (RBW) = $\frac{Rentenzahlung\ (RZ)}{r}$ * (1 + r)

Nettobarwert (NBW): Wie gewohnt abzinsen

Barwert = Ertragswert: Abzinsen ohne Anfangsinvestition

Antizipierter Wert einer Investition am Ende der Periode t oder **sicherbarer Wert** der Investition in Periode t **bei Wiederanlage zwischenzeitlicher Zahlungen**:

NBW * $(1+r_t)^t$

Der für Periode t **sicherbare Wert bei Entnahme der zwischenzeitlichen Zahlungen** in Periode x und y:

NBW berechnen **ohne** Periode x und y → Dann diesen NBW * $(1+r_t)^t$

Bonds, Spotrates, Forward Rates

(Rest-)Laufzeit	T	5
(Markt-)Rendite	r	?
Endwert oder Nominalwert	NW	5.000
Kurs oder Barwert (in EUR)	ZB_T (EUR)	3.010,40
Kurs oder Barwert (in %)	ZB_T (%)	60,2080 % = 0,602080

Rendite r eines Zerobonds (Spot Rate)

$$r = \sqrt[T]{\frac{1}{ZB_T(\%)}} - 1 \qquad \text{hier:} \qquad r = \sqrt[5]{\frac{1}{0,602080}} - 1 = 0,1068 = 10,68\ \%$$

oder

$$r = \sqrt[T]{\frac{NW}{ZB_T(EUR)}} - 1 \qquad \text{hier:} \qquad r = \sqrt[5]{\frac{5.000}{3.010,40}} - 1 = 0,1068 = 10,68\ \%$$

Laufzeit T eines Zerobonds

$$T = \frac{\ln NW - \ln ZB_T\ (EUR)}{\ln(1 + r)}$$

hier

$$T = \frac{\ln 5.000 - \ln 3.010,40}{\ln(1,1068)} = 5$$

Forward Rate: $\quad R_{T,t} = \sqrt[Laufzeit\ T]{\dfrac{(1+r\ aus\ der\ Endperiode\ t+T)^{Endperiode\ t+T}}{(1+r\ aus\ der\ Startperiode\ t)^{Startperiode\ t}}} - 1$

$(R_{Laufzeit,\ Startperiode})$

Aktien, Portfolios etc.

Lage- und Streuungsparameter (genau wie in Statistik):

μ (Mittelwert/Erwartungswert der Renditen) $= \dfrac{Summe\ aller\ Renditen}{Anzahl\ der\ Renditen}$

σ^2 (Varianz) $= \dfrac{Summe\ aus\ (Rendite - \mu)^2\ von\ allen\ Perioden}{Anzahl\ der\ Perioden}$

σ (Standardabweichung) $= \sqrt{\sigma^2\ (Varianz)}$

➔ Bei Wahrscheinlichkeiten in denen eine bestimmte Rendite eintritt wird die Berechnung der Varianz $(Rendite - \mu)^2$ nicht durch die Anzahl der Perioden oder

Wahrscheinlichkeiten geteilt, sondern mit den einzelnen Wahrscheinlichkeiten multipliziert, also gewichtet, in denen die jeweilige Rendite eintritt.
Bsp.: $\sigma^2 = 0.3 * (Rendite - \mu)^2 + 0.6 * (Rendite - \mu)^2 + 0.1 * (Rendite - \mu)^2$
(Wahrscheinlichkeiten)

$\sigma_{1,2}$ (Kovarianz aus Aktie 1 und 2) =

$$\frac{Summe\ aus\ (Rendite\ Aktie\ 1 - \mu\ Aktie\ 1) * (Rendite\ Aktie\ 2 - \mu\ Aktie\ 2)\ von\ allen\ Perioden}{Anzahl\ der\ Perioden}$$

ρ (Korrelation) = $\dfrac{\sigma 1,2\ (Kovarianz\ aus\ Aktie\ 1\ und\ 2)}{\sigma 1\ (Standardabweichung\ Aktie\ 1) * \sigma 2\ (Standardabweichung\ Aktie\ 2)}$

ρ^2 (Bestimmtheitsmaß) = Korrelation^2

→ $\sigma_{1,2}$ (Kovarianz aus Aktie 1 und 2) = $\rho * \sigma_1 * \sigma_2$

Frage nach der Rendite. Welche Rendite weist die Aktie mindestens auf oder übersteigt die Aktie mit gegebener Wahrscheinlichkeit?

$-\ \frac{x-\mu}{\sigma}$ = Wahrscheinlichkeit

→ Für die Wahrscheinlichkeit den am ehesten entsprechenden Wert in der Verteilungsfunktionstabelle finden und durch die Randzahlen ersetzen, dann nach x auflösen und fertig!

Frage nach der Wahrscheinlichkeit. Mit welcher Wahrscheinlichkeit weist die Aktie mindestens eine gegebene Rendite auf oder übersteigt diese?

$1-\ \left(\frac{Rendite - \mu}{\sigma} \right) = x$

→ Die Klammer ausrechnen und für diesen Wert die Randzahlen der Verteilungsfunktionstabelle absuchen. Bei den passenden Randzahlen in der Tabelle den Wert übernehmen und in die Klammer einsetzen. 1- Klammer ist dann x!

Für Fragen nach Unterschreiten von Renditen oder Wahrscheinlichkeiten bzw. was weißt die Aktie höchstens auf? Dieselben Formeln benutzen, nur ohne „-" davor bzw. ohne „1-" davor.

<u>Sigma σ – Regel:</u>

Die Rendite einer Aktie liegt mit

- 68% Wahrscheinlichkeit (zu 2/3 der Fälle) im Intervall $\mu-\sigma$ / $\mu+\sigma$
- 95% Wahrscheinlichkeit im Intervall $\mu-2\sigma$ / $\mu+2\sigma$
- 99% Wahrscheinlichkeit im Intervall $\mu-3\sigma$ / $\mu+3\sigma$

<u>Verteilungsparameter bei Depots/Portfolios:</u>

w = Gewichtung der einzelnen Aktien im Portfolio

$\mu_{Portfolio} = w_{Aktie1} * \mu_{Aktie1} + w_{Aktie2} * \mu_{Aktie\,2} + w_{Aktie3} * \mu_{Aktie3}$ usw.

$\sigma^2_{Portfolio} = w^2_{Aktie1} * \sigma^2_{Aktie1} + w^2_{Aktie2} * \sigma^2_{Aktie2} + w^2_{Aktie3} * \sigma^2_{Aktie3} +$
$2*w_{Aktie1}*w_{Aktie2}*Kovarianz_{Aktie1\&2} + 2*w_{Aktie1}*w_{Aktie3}*Kovarianz_{Aktie1\&3} +$
$2*w_{Aktie2}*w_{Aktie3}*Kovarianz_{Aktie2\&3}$

→ Bei nur 2 Aktien im Portfolio wird nur eine Kovarianzkombination benötigt ($Kovarianz_{Aktie1\&2}$). Dementsprechend verkürzt sich dann die Formel zur Varianzberechnung.

$\sigma_{Portfolio} = \sqrt{\sigma^2}$ (Varianz des Portfolio)

Ein Portfolio/Depot soll eine bestimmte Rendite (μ) aufweisen, die angegeben ist. Die Frage ist nach der Gewichtung (w) der Aktien, die zu dieser Rendite führt:

$$w_{Aktie1} = \frac{\mu\ Portfolio\ (angegebene\ bzw.\ erwartete\ Rendite) - \mu\ Aktie2}{\mu\ Aktie1 - \mu\ Aktie2}$$

$w_{Aktie2} = 1 - w_{Aktie1}$

Regressionsanalyse:

Allgemeine Form:

y soll erklärt werden

x dadurch wird erklärt (meist ein Index)

Rendite $\mu_y = \alpha_y + \beta_y$ * Rendite $\mu_x + \varepsilon_y$ (Zufallswert)

$$\beta_y = \frac{Kovarianz\ (x,y)}{Varianz\ \sigma^2(x)}$$

$\alpha_y = \mu_y - \beta_y * \mu_x$

oder mit Korrelationskoeffizient: $\beta_y = \frac{\rho * \sigma(y) * \sigma(x)}{\sigma^2(x)}$

Erklärte Varianz $_y = (\beta_y)^2 * \sigma^2_x$

Erklärte Standardabweichung $_y = \sqrt{\text{Erklärte Varianz (y)}}$

Nicht erklärte Varianz $_y = \sigma^2_y$ - Erklärte Varianz $_y$

Nicht erklärte Standardabweichung $_y = \sqrt{\text{Nicht erklärte Varianz (y)}}$

Risikonutzen einer Investition: $R = \mu$ - Risikofaktor $\Theta * \sigma^2$

Value at Risk: $VaR = - (\mu + Z_\alpha * \sigma)$ * Wert der Aktie bzw. des Portfolios

Z_α = Prozentsatz von α in der Verteilungsfunktionstabelle nachsehen und die zugehörige Randzahl mit negativem Vorzeichen versehen übernehmen.

→ Der Value at Risk ist ein positiver Euro Betrag, der den Verlust Ausdrückt, welcher innerhalb eines festgelegten Zeitraumes zu 1- α höchstens eintritt und mit α überschritten wird.

Termingeschäfte

Fairer Preis eines Forward-Geschäftes:

Heutiger Kurs bzw. Betrag * (1 + risikofreier Zinssatz)$^{\text{Laufzeit t}}$
→ Wichtig ist es den risikofreien Zinssatz zu nehmen, nicht die erwartete Rendite oder interne Verzinsung des Titels!

Binomialmodell:

Erklärung anhand eines Beispiels: Bewertung eines **Calls** nach dem Binomialmodell
risikofreier/diskreter Zinssatz = 5%
Kurs heute = 100
Basispreis = 120
Laufzeit = 1 Jahr
Up = 1,3   Down = 0,7

1. Aufstellen des Binomialmodells

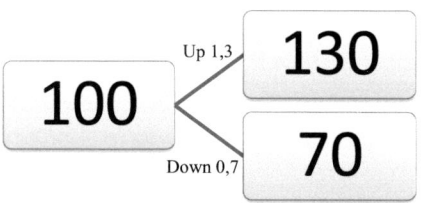

→ Im Falle eines Calls 10 Gewinn bei Up gegenüber dem Basispreis von 120. Bei Down 0 Gewinn, da ich die Option nicht zu 120 kaufe, wenn Sie nur 70 Wert ist, also wird von der Option gar nicht Gebrauch gemacht.
→ Im Falle eines Puts genau andersherum: Up wird nicht in Anspruch genommen, Gewinn ist dann 0. Down wird durchgeführt und ergibt einen Gewinn von 50 gegenüber dem Basispreis. Da ich die Option zu 70 kaufen und zu 120 weiterverkaufen kann.
→ Im Folgeneden wird für den Fall eines Calls weiterverfahren. Beim Put wäre es genau dieselbe Vorgehensweise, nur eben mit dem Einsetzen der anderen Gewinne!

2. Aufstellen zweier Gleichungen für das Duplikationsportfolio

(1) Up: Gewinn von Up = x * Kurs von Up + Zerobond
(2) Down: Gewinn von Down = x * Kurs von Down + Zerobond

In unserem Beispiel:

(1) Up: $10 = x * 130 + Zerobond$
(2) Down: $0 = x * 70 + Zerobond$

➔ Lösen des Gleichungssystems nach X, der Zerobond kürzt sich dabei raus!
➔ $x = 1/6$
➔ 1/6 nun in Gleichung (1) oder (2) einsetzen und nach dem Zerobond auflösen.
➔ Zerobond = -11,6667
➔ Dieser Zerobond muss nun auf heute abgezinst werden (mit dem risikofreien Zinssatz)
   $\frac{-11,6667}{1,05^1} = -11,1111$

3. Aufstellen der Bewertungsgleichung für den Call

   Call = x * heutiger Kurs der Aktie + abgezinster Zerobond von heute
   Call = 1/6 * 100 + (-11,1111) = **5, 5556**

Black/Scholes:

Bewertung eines **Calls** nach Black/Scholes:

$$d_1 = \frac{\ln \frac{K}{B} + \left(r_{k,f} + \frac{\sigma_{r_{UND}}^2}{2}\right)T}{\sigma_{r_{UND}} \sqrt{T}} \quad \text{und} \quad d_2 = d_1 - \sigma_{r_{UND}} \sqrt{T}$$

K = heutiger Kurs
B = Basispreis
$r_{k,f}$ = risikofreier Zins

➔ d1 muss nun am Rand der Verteilungsfunktionstabelle gesucht und durch die entsprechende Zahl ersetzt werden. Der **Wert der Aktie** ist die Tabellenzahl
➔ d2 muss nun am Rand der Verteilungsfunktionstabelle gesucht und durch die entsprechende Zahl ersetzt werden. Der **Wert des Zerobonds** ist nun die Tabellenzahl
➔ Bei negativen Werten von d1 und d2 geht man von positiven Werten aus und die Werte von Aktie und Zerobond sind dann 1- die Tabellenzahl!
➔ Nun muss noch der Wert des Zerobonds mit dem Risikofreien Zinssatz abgezinst werden

Call = K * Wert der Aktie – B * Wert des abgezinsten Zerobonds

➔ Beim **Put** nach Black/Scholes werden d1 und d2 genauso ausgerechnet, allerdings wird für die Werte von Aktie und Zerobond jeweils für d1 und d2 mit geändertem

Vorzeichen, also für –d1 und –d2 am Rand der Verteilungsfunktionstabelle gesucht und die entsprechenden Werte zum weiterrechnen übernommen

Put = B * Wert des abgezinsten Zerobonds – K * Wert der Aktie

Fairer Zinssatz:

KB = Kreditbetrag
r = risikofreier Zins
p = Ausfallwahrscheinlichkeit bei einem Jahr
d = Recovery Rate (Dieser Prozentsatz wird auch bei Kreditausfall noch gezahlt)
K = fairer Zinssatz

Zuerst folgenden Ansatz aufstellen:

$KB * (1+r)^t = KB * (1-p) * (1+K)^t + KB * p * d * (1+K)^t$

➔ Dann nach dem fairen Zinssatz K auflösen, der Kreditbetrag KB kann auf beiden Seiten sofort raus gekürzt werden!

➔ Bei Laufzeiten t über einem Jahr muss die Ausfallwahrscheinlichkeit P über alle Jahre berechnet werden: $P = 1 - (1 - p)^t$ ➔ P wird dann in obigem Ansatz verwendet

Alternative Berechnung von K über folgende Formel:

$$K = \frac{1 + r_f}{\sqrt[t]{(1 - P) + P\,d}} - 1$$

Dividenden Diskontierungsmodell:

S (Derzeitiger Kurs der Aktie) = $\frac{D}{k-g}$ D = Dividende, k = Kalkulationszinssatz
                                                      g = Änderungsrate der Dividende

➔ Ändert sich die Dividende nicht sondern bleibt über mehrere Perioden konstant, so entspricht S = $\frac{D}{k}$

Verteilungsfunktion F(z) der SNV für z >= 0

z	+ 0,00	+ 0,01	+ 0,02	+ 0,03	+ 0,04	+ 0,05	+ 0,06	+ 0,07	+ 0,08	+ 0,09
0,0	0,5000	0,5040	0,5080	0,5120	0,5160	0,5199	0,5239	0,5279	0,5319	0,5359
0,1	0,5398	0,5438	0,5478	0,5517	0,5557	0,5596	0,5636	0,5675	0,5714	0,5753
0,2	0,5793	0,5832	0,5871	0,5910	0,5948	0,5987	0,6026	0,6064	0,6103	0,6141
0,3	0,6179	0,6217	0,6255	0,6293	0,6331	0,6368	0,6406	0,6443	0,6480	0,6517
0,4	0,6554	0,6591	0,6628	0,6664	0,6700	0,6736	0,6772	0,6808	0,6844	0,6879
0,5	0,6915	0,6950	0,6985	0,7019	0,7054	0,7088	0,7123	0,7157	0,7190	0,7224
0,6	0,7257	0,7291	0,7324	0,7357	0,7389	0,7422	0,7454	0,7486	0,7517	0,7549
0,7	0,7580	0,7611	0,7642	0,7673	0,7704	0,7734	0,7764	0,7794	0,7823	0,7852
0,8	0,7881	0,7910	0,7939	0,7967	0,7995	0,8023	0,8051	0,8078	0,8106	0,8133
0,9	0,8159	0,8186	0,8212	0,8238	0,8264	0,8289	0,8315	0,8340	0,8365	0,8389
1,0	0,8413	0,8438	0,8461	0,8485	0,8508	0,8531	0,8554	0,8577	0,8599	0,8621
1,1	0,8643	0,8665	0,8686	0,8708	0,8729	0,8749	0,8770	0,8790	0,8810	0,8830
1,2	0,8849	0,8869	0,8888	0,8907	0,8925	0,8944	0,8962	0,8980	0,8997	0,9015
1,3	0,9032	0,9049	0,9066	0,9082	0,9099	0,9115	0,9131	0,9147	0,9162	0,9177
1,4	0,9192	0,9207	0,9222	0,9236	0,9251	0,9265	0,9279	0,9292	0,9306	0,9319
1,5	0,9332	0,9345	0,9357	0,9370	0,9382	0,9394	0,9406	0,9418	0,9429	0,9441
1,6	0,9452	0,9463	0,9474	0,9484	0,9495	0,9505	0,9515	0,9525	0,9535	0,9545
1,7	0,9554	0,9564	0,9573	0,9582	0,9591	0,9599	0,9608	0,9616	0,9625	0,9633
1,8	0,9641	0,9649	0,9656	0,9664	0,9671	0,9678	0,9686	0,9693	0,9699	0,9706
1,9	0,9713	0,9719	0,9726	0,9732	0,9738	0,9744	0,9750	0,9756	0,9761	0,9767
2,0	0,9772	0,9778	0,9783	0,9788	0,9793	0,9798	0,9803	0,9808	0,9812	0,9817

Verteilungsfunktion F(z) der SNV für z >= 0 – Fortsetzung

z										
2,1	0,9821	0,9826	0,9830	0,9834	0,9838	0,9842	0,9846	0,9850	0,9854	0,9857
2,2	0,9861	0,9864	0,9868	0,9871	0,9875	0,9878	0,9881	0,9884	0,9887	0,9890
2,3	0,9893	0,9896	0,9898	0,9901	0,9904	0,9906	0,9909	0,9911	0,9913	0,9916
2,4	0,9918	0,9920	0,9922	0,9925	0,9927	0,9929	0,9931	0,9932	0,9934	0,9936
2,5	0,9938	0,9940	0,9941	0,9943	0,9945	0,9946	0,9948	0,9949	0,9951	0,9952
2,6	0,9953	0,9955	0,9956	0,9957	0,9959	0,9960	0,9961	0,9962	0,9963	0,9964
2,7	0,9965	0,9966	0,9967	0,9968	0,9969	0,9970	0,9971	0,9972	0,9973	0,9974
2,8	0,9974	0,9975	0,9976	0,9977	0,9977	0,9978	0,9979	0,9979	0,9980	0,9981
2,9	0,9981	0,9982	0,9982	0,9983	0,9984	0,9984	0,9985	0,9985	0,9986	0,9986
3,0	0,9987	0,9987	0,9987	0,9988	0,9988	0,9989	0,9989	0,9989	0,9990	0,9990
3,1	0,9990	0,9991	0,9991	0,9991	0,9992	0,9992	0,9992	0,9992	0,9993	0,9993
3,2	0,9993	0,9993	0,9994	0,9994	0,9994	0,9994	0,9994	0,9994	0,9995	0,9995
3,3	0,9995	0,9995	0,9995	0,9996	0,9996	0,9996	0,9996	0,9996	0,9996	0,9997
3,4	0,9997	0,9997	0,9997	0,9997	0,9997	0,9997	0,9997	0,9997	0,9997	0,9998
3,5	0,9998	0,9998	0,9998	0,9998	0,9998	0,9998	0,9998	0,9998	0,9998	0,9998
3,6	0,9998	0,9998	0,9999	0,9999	0,9999	0,9999	0,9999	0,9999	0,9999	0,9999
3,7	0,9999	0,9999	0,9999	0,9999	0,9999	0,9999	0,9999	0,9999	0,9999	0,9999
3,8	0,9999	0,9999	0,9999	0,9999	0,9999	0,9999	0,9999	0,9999	0,9999	0,9999
3,9	1,0000	1,0000	1,0000	1,0000	1,0000	1,0000	1,0000	1,0000	1,0000	1,0000

➲ Für $z < 0$ ist $F(z) = 1 - F(-z)$